Art&Décoration

Accords
& styles

massin

[Sommaire]

Introduction générale

L'art de vivre aujourd'hui a le goût des métissages. Design et vintage, classique et contemporain, ethnique, industriel ou baroque, la tendance actuelle se plaît à mixer les styles et les époques. Fini le « total look » des grandes enseignes de la décoration, démodée l'accumulation des meubles de famille, l'heure est au mélange des genres, au métissage des cultures. On combine les styles à sa façon, selon son histoire, ses goûts et son inspiration : meubles de famille et mobilier contemporain, intérieur design et pièce vintage, ambiance traditionnelle et meubles industriels. Les mises en scène d'intérieur revisitent les styles, bousculent les idées reçues et se libèrent des codes traditionnels de la décoration.

Styles, couleurs, matières, motifs, on mêle à sa façon, personnelle et créative, dans toute la maison. Et même dans le jardin. Les pièces à vivre reflètent particulièrement cette volonté de métissage, mais l'univers plus intime de la chambre et de la salle de bains n'est pas en reste. Réveillez un intérieur trop classique avec du mobilier design, vintage ou contemporain, à l'inverse, chinez, parcourez les brocantes pour personnaliser un univers contemporain trop minimaliste, combinez les accessoires, les luminaires et les souvenirs de voyages.

Les cultures, les tendances, les modes, les souvenirs s'associent librement, mais pas n'importe comment. Certaines règles sont à respecter pour réussir ces unions libres : trouver une unité dans différents styles, jouer avec les couleurs et les formes, utiliser des accessoires pour moderniser. Comme en cuisine, sachez doser, épicer, maîtriser les saveurs pour obtenir un résultat cohérent. Au fil des pages de ce livre largement illustré, des ambiances très tendance livrent leurs secrets et donnent des idées à vos envies. Les bons duos, les associations indémodables, des conseils à retenir pour transformer votre maison ou votre appartement et créer un intérieur à votre image.

Mélanger les styles

[Cuisine]

Le mélange des goûts et des styles prend tout son sens dans la cuisine. C'est l'endroit idéal pour donner libre cours à sa fantaisie, pour combiner, mixer, ajouter, associer les couleurs, les matières et les styles. Comment réveiller une ambiance traditionnelle avec des chaises contemporaines, vintage ou industrielles ? Comment égayer une cuisine laboratoire avec une table ou un beau meuble ancien, comment personnaliser une cuisine de campagne avec un meuble industriel, et mélanger les meubles de métier ? Profitez de la diversité et du design original des luminaires actuels pour jouer avec l'éclairage. Combinez les styles en choisissant des suspensions design dans un univers ancien ou traditionnel ou, inversement, placez un lustre ancien pour éclairer une table contemporaine.

1

Comment rajeunir une cuisine de campagne ?

1] Aménagée dans une grange, la cuisine conserve ses murs de pierre et privilégie le blanc et les matières naturelles. La décoration joue sur les étagères linéaires remplies de vaisselle blanche, sur les façades de tiroirs en aluminium brossé, les bidons de lait en inox et les luminaires industriels.

2] La forte présence d'un meuble d'usine en métal, chiné chez Bernard Mouiren à l'Isle-sur-la-Sorgue, transforme l'humeur de la cuisine. Dans un cadre de briques et de murs à la chaux, il s'associe au design contemporain de la table et des chaises.

2

1] Le pari de marier une table de tri postal, chinée aux puces de Clignancourt, et un lustre ancien à pampilles est audacieux, mais l'effet est garanti. Des portes de placards anciens, de la pierre de Jérusalem sur le sol et une véranda ouverte sur le jardin complètent l'atmosphère.

2] Une table de style bistrot en bois patiné, entourée de chaises d'usine en métal, fait toute la personnalité de cette cuisine composée de meubles et d'objets chinés chez Côté Jardin à Ars-en-Ré.

2

1

Mélange de saveurs à la carte.

1] Une table rustique réveillée par des chaises dépareillées, des meubles industriels à casiers, une étagère de brasserie remplie de carafes en cristal, le tout coiffé d'une grande suspension du designer Charles William pour Fontana Arte, bousculent les codes de la déco pour un résultat plaisant.

1] Une table ancienne entourée de chaises toutes différentes réchauffe le style sobre et contemporain de la cuisine en bois foncé et en béton ciré. Quelques touches authentiques comme le vieux pot en zinc ou le guéridon ancien ponctuent le décor avec fantaisie.

2] Le bois blond et l'inox : un mariage réussi ! Les nuances chaleureuses de la longue table en chêne naturel (Meuble de famille) réchauffent la sobriété industrielle de la cuisine équipée d'éléments tout inox.

1

1] La cuisine mise en scène par les décorateurs Anne et Michel Rey associe avec bonheur l'aspect contemporain d'un plan de travail en béton lissé et le charme exotique des tiroirs en bois sculptés, récupérés sur un vieux lit indonésien.

2] La recette d'Annick Lestrohan est simple : mélanger les coups de cœur et les objets chinés au fil des voyages. Une table ancienne en bois brut entourée de chaises fleuries des années cinquante, un mur de briques roses associé à une hotte industrielle peinte en gris et des luminaires vintage chinés, créent une atmosphère très personnelle.

2

1

Jouer sur la chaleur du bois blond et la rigueur du style industriel.

1] L'originalité de la cuisine, conçue par Home by L'Ange et l'Éléphant, réside dans l'association des éléments traditionnels (poutres blanchies, fourneau à l'ancienne) avec des idées très actuelles comme l'utilisation du Fraké pour les meubles et du béton ciré pour les plans de travail. La grande table est composée d'un plateau indonésien sculpté et d'un piètement industriel.

2] Pour personnaliser la sobriété contemporaine de la cuisine Bulthaup, rien de tel que des tabourets d'atelier et des suspensions industrielles trouvées chez Fiesta Galerie à Paris.

Boiseries anciennes et design contemporain.

1] Illustration parfaite du mélange des styles, le salon de chasse de cet hôtel particulier marseillais accueille une cuisine contemporaine, conçue par l'architecte d'intérieur Bruno Mascolo, dissimulée derrière un comptoir minimaliste en inox brossé et laque noire. Un grand lustre de Pete Sans (Vibia), une table contemporaine et des sièges signés Philippe Starck, complètent le décor.

1

1

Élégance minimaliste dans un intérieur ancien.

1] Les lignes épurées du comptoir de cuisine Boffi en laque blanche et inox brillant s'inscrivent naturellement dans le cadre élégant d'un hôtel particulier du XVIIIe. Un exercice de style osé, mais brillamment réussi (Sinibaldi International).

2] Sous les poutres blanchies d'un ancien atelier parisien, la cuisine Bulthaup en laque blanche semble suspendue dans l'espace. Les années cinquante s'invitent dans cette modernité avec la table « Tulipe » d'Eero Saarinen (Knoll International) entourée de sièges signés Philippe Starck, tandis que des chaises d'horloger en métal et bois ponctuent l'ensemble.

2

[Salon]

De toutes les pièces de la maison, le salon est celui qui se prête le plus facilement au mélange des styles. L'espace, les volumes et la position stratégique dans la maison ou l'appartement favorisent une mise en scène personnalisée. Ancien et contemporain, industriel et vintage, récup' et souvenirs, bohème chic ou baroque, on mixe, on « matche » en toute liberté et ce désordre « apparent » de formes, de couleurs et de styles, trouve une harmonie et une cohérence grâce à quelques astuces : le choix des couleurs pour harmoniser, le contraste des matières pour moderniser, la juste proportion des formes pour équilibrer. Alors faites-vous plaisir, combinez, associez, accumulez, ce qui compte c'est que ce lieu raconte une histoire, votre histoire, et que cette mise en scène libérée des codes de la déco vous ressemble.

Intérieur ancien et modernité sage égayés de couleurs subtiles.

1] Une cheminée néo-classique et un sol en mosaïque de marbre servent d'écrin au salon qui joue sur la mixité de la décoration : une table en métal et des chaises « Wassily » de Marcel Breuer, une bibliothèque et des canapés contemporains.

1

2] Sous la charpente médiévale en chêne, la modernité s'inscrit dans la mise en scène ouverte et sur une décoration qui mélange les styles avec bonheur : fauteuils vintage, miroir en bois doré et cheminée contemporaine en béton intégrée à la bibliothèque (tableau de Micky Frau).

Tableaux contemporains et mobilier design sous les stucs XIXᵉ.

1] Dans l'écrin lumineux des boiseries peintes en blanc, le salon mélange avec élégance des canapés contemporains (The Conran Shop), des tabourets pliants (Trinidad), une table basse épurée et des œuvres d'art, peintures et sculptures qui tiennent une place essentielle dans la déco (tableau Rimbaud de Troy Henriksen, page manuscrite de Denis Robert, photo de Brigitte Bardot de Just Jaeckin, sculptures de Fabienne Boé de Pirey et Anne Jaeckin).

1

1

Fantaisie vintage dans une maison XVIIIe.

1] Bienvenue au mobilier signé Eames, Bertoia et Saarinen dans ce salon éclatant de blancheur. Il se mêle harmonieusement aux canapés contemporains en cuir blanc. Jouez sur les coussins de couleurs ou sur les imprimés pour apporter une touche de fantaisie dans cette palette monochrome.

Cure de jouvence dans un salon haussmannien.

2] Une cheminée XVIIIe chinée et du parquet de Hongrie décapé servent d'écrin au mobilier qui mélange les styles avec bonheur : un canapé B&B Italia, des fauteuils des années cinquante de Roger Landault, des luminaires Movelight et une suspension Flos (table basse modulable de Nathalie Broche).

Chinez, collectionnez, détournez: les secrets d'un salon original.

1] La fantaisie de la pièce vient de l'association des fauteuils de cinéma en bois et velours avec une table basse de créateur et un fauteuil club chiné. Un tapis kilim coloré et une affiche des années trente réchauffent la mise en scène avec originalité.

2] Le salon joue sur la symétrie de la mise en scène en noir, gris et blanc et sur l'authenticité des meubles chinés et transformés, les portes anciennes et la table basse. Les coussins colorés réveillent l'ambiance.

2

1

Esprit loft et mobilier chiné.

1] Dans les beaux volumes d'un ancien lavoir du XVIIIe, le salon loft est aménagé autour d'un escalier industriel en métal. La décoration au charme suranné mixe les meubles de famille avec des sièges chinés et relookés dans des coloris vintage.

2] Le salon de cette péniche opte pour une déco de style vintage qui mélange avec justesse un canapé contemporain réalisé sur mesure (D'Argentat), un fauteuil pivotant des années cinquante (Là-Haut sur la Colline), une table basse, un buffet années trente et des fauteuils en cuir chinés.

Carrefour d'influences et modernité, jouez sur les styles.

1] Une sélection de meubles et d'objets contemporains donne la réplique à une très belle charpente en chêne et à la cheminée en pierre d'une bastide ancienne.

2] Une armoire indienne, un fauteuil design, des chaises vintage, un tapis vache et des trophées sur le mur : le salon de cet ancien bâtiment viticole, rénové par l'architecte Guy Falco, affiche un métissage d'influences qui a du caractère. La juste proportion des meubles et la taille XXL des luminaires en résine blanche (Conchabay) sont en harmonie avec les volumes.

Misez sur les valeurs sûres.

1] Le salon de cette bastide provençale rénovée par l'architecte Anne Infante bouscule la tradition pour accueillir quelques belles signatures du design suédois comme la table basse et le bureau de Preben Fabricius (Galerie Éric Philippe) ou le fauteuil d'Eero Saarinen en compagnie de canapés réalisés sur mesure. Sur la cheminée contemporaine, en béton gris, un paravent chinois du XVIIIe siècle apporte un raffinement supplémentaire.

1

1

2

Loft story : vintage, design et contemporain.

1] Le contraste des styles entre la mezzanine en acier, réalisée sur mesure par l'architecte Mathieu Lenorman, et le plafond ancien mouluré et peint en gris est audacieux. Il est adouci par la fantaisie du mobilier qui mêle un fauteuil « Lady » de Marco Zanuso (Arflex), un modèle en cuir inspiré du célèbre « Elda » de Joe Colombo (Vitra) et un fauteuil « Platner » édité chez Knoll.

2] Dans une ancienne usine aux volumes impressionnants, le mobilier mixe les époques et les styles pour adoucir l'ambiance industrielle très marquée. Fauteuil Burov « 1958 », canapé « Belem » du designer Didier Gomez (Cinna), et table basse en métal et chêne de Cédric Grare cohabitent en totale harmonie (tableau d'Alain le Yaouanc).

[Salle à manger]

Ouverte ou non sur la cuisine et la maison, aménagée dans un loft ou pièce à part, la salle à manger doit être avant tout un lieu de convivialité pour recevoir sa famille et ses amis. Si elle est ouverte, la salle à manger respectera le style de la maison pour conserver une harmonie. Mais on peut également jouer sur les contrastes et la combinaison de différents styles pour rythmer la décoration et apporter une touche personnelle. Tous les mariages sont possibles : une table et des chaises contemporaines dans un univers haussmannien, une table ancienne dans un univers minimaliste, mixer les matières, le bois brut et le fer, le verre et le béton, jouer sur les couleurs. La table est essentielle, mais les chaises jouent également un rôle important dans ce dialogue de styles. Vous pouvez dépareiller les chaises autour d'une table en gardant une unité de forme, de couleur ou de style.

1] Sous la verrière diffusant une douce lumière zénithale, les chaises recouvertes d'une housse de lin blanc donnent de la modernité à la grande table carrée chinée. Un ancien meuble de notaire avec ses casiers d'origine a trouvé sa place dans ce décor raffiné (tableau de Monica Sanchez Robles).

2] Le classicisme revisité de la salle à manger intègre les éléments anciens comme le sol en mosaïque du XIXe et les plafonds stuqués, mais invite la modernité à travers le mobilier raffiné de Luz Interiors et un lustre monumental mêlant cristal traditionnel et abat-jour translucide de Moooi (tableau de nu, Antoine Chartres).

1

Reflets métalliques pour une salle à manger qui en impose.

1] La décoration joue sur le contraste entre la forte présence de la table de Jean-François Millevoye, en métal et ardoise à chant sculpté, et la légèreté des chaises « Bunny » (BHV), inspirées du célèbre modèle d'Arne Jacobsen.

2] On aime le mélange raffiné de cette salle à manger qui associe une table en chêne massif, des chaises Tolix chinées à l'Isle-sur-la-Sorgue, des armoires chinoises en métal et une tête de bouddha rapportée de voyage.

1

1] Dans cette ancienne ferme de la Drôme, restaurée par le maçon Bruno Ethelbert, on partage les repas dans une ambiance authentique, entouré de vieilles pierres. L'originalité réside dans l'association d'éléments industriels et contemporains comme les chaises Tolix chinées dans la région, les suspensions récupérées dans une dépendance de la maison, lors des travaux, et une grande toile abstraite d'Hubert Oddo.

1] L'association de couleurs vives, le mélange des styles et le grand tableau de Jean Timir, créent une ambiance originale et joyeuse. Style campagne avec un meuble de métier, contemporain avec la table et les chaises (Émotions) et touche design avec les luminaires (Slots et Kartell) qui jouent un rôle important dans la mise en scène graphique des lieux.

1

1

1] Dans la salle à manger de cette maison de famille, le cadre XIXe et les objets anciens se mêlent naturellement au mobilier design : une table en métal et bois (3 Suisses), des fauteuils « Louis Ghost » de Philippe Starck (Kartell). L'idée est de jouer sur l'unité de couleur, le blanc, et sur la transparence des sièges pour alléger visuellement l'espace.

2] Nous sommes dans une vieille maison du cœur historique de Strasbourg. La décoration mise sur les accords de matières, la brique, le verre du plateau de la table, le maillage de fer des chaises (État de siège), le béton sur le sol, pour composer une ambiance contemporaine tamisée et intime.

1] Dans ce loft aux volumes étonnants soulignés par des piliers en fonte, la salle à manger brasse les matières et les styles. La longue table, réalisée à partir de poutrelles métalliques et de planches de chêne brut, en impose et s'inscrit naturellement dans le lieu. Les chaises design en Plexiglas (Kartell) et les luminaires « Charlotte » de Majo, apportent une note de modernité.

1

2] Étonnante ambiance de loft new-yorkais dans cet appartement qui n'hésite pas à mixer les styles, une table industrielle en métal (Made in Earth) éclairée par des suspensions baladeuses (BHV), des chaises et des fauteuils vintage (Zocaa) et des objets design. Les vestiges de l'ancienne cheminée en brique s'intègrent parfaitement à l'esprit des lieux.

[Chambre]

Lieu intime et préservé, la chambre est un nid douillet où le mélange des styles est le reflet de la vie. Le métissage des meubles, des tissus, des objets raconte une histoire vécue, des portes chinoises pour dissimuler une alcôve, des patines anciennes, une tête de lit en métal, une cheminée XVIIIe en pierre, des tableaux contemporains, du lin, du taffetas, de la soie… Un simple fauteuil, vintage ou contemporain, signé ou non, transformera une atmosphère traditionnelle. À l'inverse, un beau meuble ancien réchauffera un design un peu froid. Sachez trouver les bonnes associations, et jouer sur les bons duos.

1

1] Dans une ancienne filature, la chambre a maintenu l'identité du lieu en conservant les murs et le plafond en voûtains de briques, mais s'affranchit des conventions en mélangeant mobilier Art Déco, lit et chevet contemporains et éléments chinés comme le dressing, trouvé dans un ancien magasin de vêtements (lithographies de Roy Lichtenstein et sculpture Now's Home).

1] La présence discrète d'éléments contemporains réveille cette garçonnière aux accents passéistes. Une tête de lit en zinc, des appliques et des chevets design cohabitent avec les portes de placards patinées, les candélabres d'église et les peintures à la chaux déclinées dans des tons sobres.

1

1

Harmonie parfaite entre le passé et le présent.

1] Des portes chinoises en bois sculpté suspendues par des rondelles métalliques coulissent sur un rail en acier. Elles cloisonnent la chambre sur un mur de briques restauré dans un mélange de style réussi (tableau Anne Rettien, chez Babble Circus).

2] Le lit «Extra Wall Bed» du designer Piero Lissoni (Living Divani) met en lumière la beauté de la cheminée en pierre et de la charpente d'origine (tableau de Jean-Francois Texier).

1] Rêver en douceur dans une chambre qui mélange avec poésie toutes sortes de meubles et d'objets chinés au coup de cœur. Un miroir monumental en bois sculpté fait office de tête de lit, tandis qu'un muret orné d'une grille de jardinière en fonte patinée permet de ranger les livres et les objets de chevet. Un tableau contemporain se reflète dans le miroir XIXe (housse de couette et édredon, Blanc d'Ivoire).

2] Le fauteuil « Pop » en Plexiglas et les chevets des designers Piero Lissoni et Carlo Tamborini (Kartell) réveillent l'ambiance feutrée de la chambre tendue de toile (Toile de Mayenne) et de velours aubergine (tableau Izabeau Jousse, galerie Yves Halter).

1

1] Des objets chinés en Provence et à Paris, une table console en fer forgé des années quarante et une collection de globes, se mêlent avec grâce dans cette chambre peinte en gris clair. Une photographie de Jeff Cowen impose son mystère et ajoute une note personnelle.

2] Graphique et lumineuse, la chambre utilise le mélange des styles entre le cadre ancien de la maison et les éléments contemporains de la décoration : tête de lit et chevets en bois noir, lustre à gouttes de pluie « Nuage » et lampes de chevets « Ibiza », Mathieu Lustrerie (tableaux contemporains, diptyque d'Alexandre Delpuech).

2

1] La résonance des styles et des matières – la pierre, le métal, la chaux, le lin –, et la mise en scène contemporaine composent ici (dans la chambre de la bastide Fleur de pierre) une ambiance originale. Des poutres décapées et des murs peints à la chaux s'associent à la modernité de la verrière en métal qui sépare la chambre de la salle de bains. Les parures de lit en lin (Alexandre Turpault) ajoutent encore au raffinement des lieux.

2] Des meubles et des objets chinés – grilles de jardin en fer forgé, lustre à pampilles de bois, quilles, siège pliant –, cohabitent en totale harmonie dans la chambre. Là encore, les propriétaires ont conservé en l'état les vestiges du vieux mas pour donner de l'allure. Le blanc et les grands volumes ouverts sur le jardin apportent de la modernité.

[Salle de bains]

Lieu de détente et de bien-être, la salle de bain est souvent le théâtre des mises en scène les plus audacieuses. Le mélange des matières, l'ardoise, le bois, la pierre, le zinc, la brique, mais également le béton, le verre, le Corian… dialogue avec les sanitaires pour composer une ambiance originale. Il est intéressant de créer un décalage de style et d'époque entre le lieu et les sanitaires : une baignoire « îlot » en résine posée sur le sol devant un grand miroir en bois doré dans une salle de bains boudoir, des vasques « bol » sur un ancien bureau d'écolier servant de plan de toilette ou les lignes épurées de sanitaires contemporains mettant en valeur des murs anciens. Mélanger, mixer, donner de l'éclat à une salle de bains : le contraste entre l'ancien et le contemporain est ici un exercice de style qui coule de source.

1] Charme rétro et inspiration minérale font bon ménage dans la salle de bains du Clos Saint-Saourde. La table de métier en fer forgé (Les Comptoirs du Sud) accueille deux vasques contemporaines en céramique (Jacob Delafon), tandis qu'une lanterne 1900 éclaire le plan de toilette.

2] Adossée au mur chocolat de la salle de bains, la vieille baignoire en zinc fait son effet. Elle s'associe à la robinetterie rétro (Hydropolis) et au plan de toilette en bois ancien chiné à l'Isle-sur-la-Sorgue.

3] Duo de charme indémodable : la console de toilette improvisée dans un vieil établi restauré (Arcobaleno) et les vasques « bol » en céramique blanche surmontées de mitigeurs chromés (Facq).

1] Mi-baroque, mi-contemporaine, cette salle de bains a du style ! L'aspect massif du béton gris velouté, décliné du sol au plafond, se mêle au charme du miroir baroque et du fauteuil ancien chiné, pour créer une ambiance originale où la volupté est un art de vivre. Un grand tableau contemporain éclaire la mise en scène.

1] La déco joue sur l'impact du rouge intense des murs et sur le mariage élégant des matières entre le plan de toilette, découpé sur mesure dans une pièce de marbre ancien, et le raffinement des miroirs vénitiens chinés.

2

2] Luxe suprême, la salle de bains en marbre de Carrare (marbrerie MCM) sert d'écrin au meuble de toilette d'inspiration Directoire, dessiné par Bruno Carles (Carles II Bergada). La bergère d'époque Consulat et le support serviette rétro (Hydropolis) complètent la mise en scène.

1] Sur une base minimaliste de mobilier en laque blanche et de vasques carrées contemporaines, la salle de bains réchauffe l'ambiance en ajoutant deux miroirs vénitiens, des fauteuils vintage et un porte-serviettes chinés. Le mur de pavés de verre (Castorama) accentue le style années cinquante.

1

1] Jouez sur la forte présence de la pierre tout en privilégiant une ambiance contemporaine comme dans la chambre de la maison d'hôtes Artishow à l'Isle-sur-la-Sorgue. La grande baignoire réalisée sur mesure en pierre reconstituée est posée sur le sol et dialogue avec les lignes épurées de la chaise du designer Verner Panton (Vitra).

2] Mariage de style réussi dans cette salle de bains conçue par Francis Guaré. Le design élégant des vasques et de la baignoire « Scoop » (Falper chez Cascade Design) se réchauffe en présence du plan de toilette en bois et des deux miroirs en bois doré (Félix Ailhaud).

[Véranda, patio et jardin]

Des couleurs rafraîchissantes, des lignes actuelles et des matières révolutionnaires mélangent les styles et transforment l'esprit du jardin. Si le mobilier ancien cultive avec nostalgie tout le charme des jardins de nos grands-mères, le mobilier actuel revisite les codes, travaille les perspectives et modernise l'ambiance. Il n'est pas rare de voir des sièges en teck patiné dialoguer avec des fauteuils en résine, les rééditions pimpantes des chaises en métal du Luxembourg côtoyer en toute harmonie des salons de jardin au design épuré, ou les tissages des créateurs actuels pousser en toute liberté dans les patios et sur les terrasses. Novateurs, les luminaires ne sont pas en reste pour égayer les mises en scène par leur forme et leurs couleurs et apporter une note de magie au cœur de la nuit.

1] Autour d'une lucarne de toiture en zinc, transformée en miroir, un charmant mélange de meubles et d'objets chinés sur le thème du jardin donne une âme à la terrasse.

2] En rupture de ton avec le style provençal du patio, le mobilier de jardin tressé (Driade) apporte une touche de fantaisie et de modernité.

3] Amateur de jardin botanique et collectionneur, le propriétaire de cette maison utilise la véranda (Serres et Ferronneries d'Antan) pour exposer ses vases chinois du XIXe.

1

1] Le graphisme contemporain du mobilier de jardin – table en métal et fauteuils « Toy » de Philippe Starck – s'intègre parfaitement à l'élégance historique de la façade XVIIe restaurée (K-za, maison d'hôtes à Tulette).

1

1] Le design ultra-coloré du mobilier et des luminaires de jardin (lampes en plastique Bloom) vient bousculer l'auguste façade en pierres blanches de cette maison charentaise.

2] Voici un jardin en ville qui respire la joie de vivre ! Le mobilier ancien (Adirondack et tables rondes en métal) prend place devant le salon, tandis que le coin repas pour déjeuner au soleil sous l'olivier a choisi le design contemporain d'une table (Driade) et des fauteuils en polypropylène de Philippe Starck.

1

1] Dans la petite cour ensoleillée d'une maison réthaise, c'est la cohabitation de meubles et d'objets chinés qui compose le décor. Une bobine à câble reconvertie en table basse, des fauteuils patinés par les années, un établi transformé en console, des pots, des fleurs : la décoratrice Françoise Madec (Côté Jardin) sait mieux que personne créer des ambiances.

2] Acapulco, Shangaï, Essaouira... mariage de styles et de couleurs dans le patio marseillais de Fabienne Collombel. La créatrice de bijoux (Bababling) donne libre cours à sa fantaisie en associant objets rapportés de voyages et murs à la chaux aux couleurs fruitées.

Les meilleures associations

[Réveiller un intérieur classique]

La tendance actuelle est au mélange des styles mais aussi au contraste entre l'architecture ancienne d'un bâtiment et la décoration intérieure. Des meubles contemporains sous une belle charpente en chêne, des références du design dans un immeuble haussmannien, une table industrielle et des chaises en polycarbonate cristal sur le parquet à la française d'un hôtel particulier : tout est une question de goûts et de générations. Rien de mieux pour mettre en valeur la beauté des vieux murs et créer un trait d'union entre classicisme et modernité que de leur offrir une décoration en décalage, vintage, design ou contemporaine. Les plus beaux intérieurs ont un secret, et c'est souvent celui-ci. Alors créez votre ambiance en cherchant les meilleures associations et les accords indémodables.

1] Dans le cadre élégant d'un hôtel particulier du XVIIIe siècle, le décalage des styles joue un rôle essentiel dans la décoration. La mise en scène parie sur le contraste radical entre le design épuré du comptoir de cuisine blanc (Boffi) et l'imposante table industrielle de Bernard Mouiren. La transparence des chaises (Kartell) ne vient pas troubler cette harmonie.

1

**La tradition revisitée
dans le salon d'une bastide marseillaise.**

1] Une suspension monumentale du designer Charles William (Fontana Arte) et des chaises vintage viennent bousculer l'esprit des lieux.

Le style Art Déco est un vrai joker!

2] Les lignes sobres de la table Art Déco se combinent harmonieusement aux courbes des chaises « Fourmi » d'Arne Jacobsen (Fritz Hansen). Ajoutez à l'ensemble un lustre des années soixante-dix (Verre et Lumière) et le mariage sera parfait.

1

2

1

Mariage heureux.

1] Dialogue de styles dans un univers décalé, presque anachronique, sous le regard étonné d'un gentilhomme du XVIIIe siècle. Une table professionnelle (La Bovida) entourée de fauteuils vintage chinés et une lampe « Bourgie » (Kartell) réveillent les accents passéistes de l'appartement.

2] Esprit XVIIIe et style industriel font bon ménage dans cet appartement qui a choisi des couleurs douces pour mettre en valeur la décoration. Le meuble de tri postal et le bureau, provenant tous deux d'un bureau de poste, côtoient des fauteuils Louis XVI en bois doré et des gravures anciennes.

2

1] Charme et récup' industrielle qualifient l'esprit de cette maison de vacances restaurée par l'architecte Christophe Ducharme. Une table de mercerie et un vaisselier patinés (Côté Jardin) se mêlent aux accents métalliques de la table et des chaises industrielles chinées à Saint-Clément (Dominique Marit).

2] Dans le salon de cette maison réthaise, un canapé contemporain en lin froissé de Paola Navone (Gervasoni) prend place devant la cheminée en ardoise. Autour de lui, un charmant mélange de meubles et d'objets chinés et détournés – la table basse réalisée à partir d'une ancienne estrade d'école, l'enfilade peinte en noir (Côté Jardin) – crée une ambiance chic et originale (tableau de Valéry Roy).

1

1

1] Dans le Luberon, une maison de village restaurée par l'architecte Anne Infante bouscule la tradition. Des meubles danois des années cinquante (Galerie Éric Philippe), un tapis marocain et des luminaires industriels (Fiesta Galerie) ont investi les lieux. Seules les poutres du plafond, décapées et blanchies, ont été conservées.

1] Pour créer une ambiance originale dans la cuisine, les meubles de métier et la récup' industrielle sont des atouts maîtres. Une table de drapier, chargée d'une impressionnante collection de bocaux, cloches et serviteurs muets, se mêle aux accents métalliques du meuble de tri postal transformé en bureau.

1

1] « De brique et de broc », le jeu de mot est facile, mais l'effet garanti. Le mur de brique retrouvé par hasard sous les couches de peintures a été conservé en partie et donne du cachet à la cuisine. Collectionneuse et amatrice de brocante, Laure du Chatenet, cofondatrice de la maison Caumont, rassemble toutes sortes de meubles et d'objets qui racontent une histoire.

1

2] Briques, acajou et sanitaires Belle Époque se marient à merveille dans cette salle de bains aménagée sous les combles. La baignoire 1900 en fonte et les lavabos sur pieds (Impérial Bathrooms chez Bad & Bain) équipés d'une robinetterie chromée, côtoient une chaise et une table pliante en acajou.

2

1

1] Le mélange des styles se situe ici dans l'opposition entre l'architecture ancienne de la vieille bergerie, et la rénovation ultra-contemporaine des lieux, avec ouvertures métalliques et grands volumes intérieurs, d'Antoine de Timary.

Design et vieilles pierres.

2] Les volutes d'une cheminée monumentale en pierre sculptée dans le salon de la K-za, maison d'hôtes à Tulette, dialoguent avec le design épuré de la décoration – canapés en flanelle grise (Interni Edition) et table basse (Ikéa).

1] Un joyeux pêle-mêle de styles et de matières anime le salon de cette bastide. Les murs de pierres jointoyées diffusent un charme authentique, tandis que les meubles et les objets – canapés en cuir blanc, fauteuils « Adirondack », table basse contemporaine, tabouret de Jean-Michel Frank, table Art Déco –, sont réunis dans une ambiance chaleureuse (tableaux de Joëlle Faurie et Marine Guillemot).

1

Combinez les matières naturelles, le bois, le cuir, la pierre.

2] Des enfilades peintes (Flamant), une table en chêne éclairée par une suspension branchage (Sempre), un Chesterfield en cuir patiné : les matières authentiques s'associent aux teintes naturelles pour composer une ambiance chaleureuse.

2

1

1] Mariage de styles dans cette ancienne marbrerie en rez-de-chaussée d'une cour parisienne. Il fallait oser associer le style industriel d'un meuble de métier, l'esprit vintage d'un fauteuil et d'une table des années cinquante, le design d'une table B.A.-ba (Leblon-Delienne), un tapis vache et des luminaires Noguchi (Sentou), mais le résultat est séduisant.

1

Modernité et design à la montagne.

1] Dans l'écrin chaleureux de ses boiseries, ce chalet accueille les grandes signatures du design. Des canapés en lainage gris clair (Moroso), des tables basses de Patricia Urquiola, une lampe de Vico Magistretti et le célèbre fauteuil « Lounge » de Charles & Ray Eames entourent la cheminée contemporaine dessinée par la propriétaire.

[Personnaliser un univers contemporain]

L'architecture contemporaine et les bâtiments industriels transformés en habitations privilégient l'espace, les volumes et les perspectives. Dans ces lieux où le blanc règne en maître, la décoration intérieure se déleste des artifices du superficiel et de l'inutile. Le mélange des styles se conçoit pour réchauffer une atmosphère minimaliste, mais aussi pour mettre en valeur une belle pièce ancienne. On n'a pas toujours un piano à queue pour épouser les volumes d'un salon, mais les belles proportions d'une commode de famille, le charme d'une paire de fauteuils en cuir patiné ou l'élégance intemporelle d'un lit de repos en lin, apporteront une rupture de style et une charge émotionnelle agréable à vivre.

1

Retour aux sources dans la modernité.

1] Un grand meuble de quincaillier des années quarante, chargé d'histoires et d'objets de collection – moules de gantier, Stockman d'enfant, ancien panneau d'ophtalmologie (Métal & Woods) – adoucit les grands volumes blancs.

2] Le passé et le présent se conjuguent avec esprit dans cette pièce à vivre blanche et lumineuse. L'architecture contemporaine donne le ton et l'imposant escalier, magnifique ouvrage de ferronnerie, structure les volumes. Une table du XVIIIe siècle entourée de chaises des années cinquante accentue le décalage des styles.

2

1] Dans un ancien garage devenu loft, la partition se joue en noir et blanc et accueille des meubles d'hier et d'aujourd'hui. Une table blanche ultra-design « MDF » (Spiridon), des chaises décapées et tapissées de velours noir (Slots), et une commode ancienne de famille cohabitent avec esprit. Le triptyque signé Benoît Cousin personnalise le lieu avec force.

1

2] Dans cet univers ultra-contemporain, le piano à queue a trouvé sa place sous les poutrelles métalliques. La table violon chinée, décapée et peinte en noir et les sièges à médaillon tapissés de velours également noir (Slots) font un clin d'œil au passé.

1] Dans une ancienne usine d'empaquetage de miel transformée en loft lumineux, la décoration mélange les styles dans une unité de blanc. Des grands classiques du design – les chaises « Tulip Armchair » d'Eero Saarinen (Knoll), la table basse de Gae Aulenti (Fontana Arte) et le lampadaire « Big Shadow » de Marcel Wanders (Cinna) – côtoient avec simplicité une table de récup' et des canapés contemporains (Ikéa).

2] Dans la cuisine de cette maison, aménagée dans une usine, le style industriel des luminaires – suspensions anciennes (Jérôme Lepert) et appliques (Jieldé) – se mélange harmonieusement aux meubles contemporains laqués blanc (Ikéa).

1

Un espace contemporain sous influence vintage, c'est dans l'air du temps et c'est séduisant!

1] Le salon de cette maison marseillaise transformée par l'architecte Maurice Padovani privilégie les belles pièces du design : les chaises « RAR » de Charles & Ray Eames, le tabouret de Sori Yanagi ou encore le fauteuil « AA » en cuir fauve (Airborne). Pour pimenter le tout, des palettes détournées en tables basses (La Maison Marseillaise) et l'indémodable suspension Zettel'z d'Ingo Maurer (Issima).

1

1] Un rocking-chair des années cinquante et la silhouette articulée d'un lampadaire Jieldé contrastent avec les lignes strictes des canapés en cuir blanc de Cini Boeri (Knoll) et réveillent l'atmosphère dépouillée et contemporaine du salon (toile de Chantal Sore).

2] Le mélange des styles humanise la rigueur industrielle de la grande pièce à vivre. Sous la charpente métallique de l'ancien atelier de plomberie, un baby foot sépare la salle à manger du salon. Un ensemble de suspensions et une lampe « Fortuny » (Palluco, Les Années Lumières) étoffent les grands volumes.

2

1

1] Des couleurs vitaminées et un bel ensemble de chaises vintage dépareillées, c'est la recette qu'a choisie le décorateur Romain Gellusseau pour animer ce loft du quartier Popincourt à Paris. Une « Panton Chair » rouge du designer Verner Panton, deux « DSX » de Charles et Ray Eames (Vitra) et une « Omstack » jaune de Rodney Kinsman (Bieffeplast) entourent une table en chêne (AM-PM).

1

1] Largement ouvert sur l'extérieur, le salon de cette maison contemporaine, conçue par l'architecte d'intérieur Maurice Padovani, opte pour le brassage des styles et des matières. Les lignes sobres et épurées du mobilier suspendu, créé en médium par Maurice Padovani, côtoient les fauteuils de Charles Eames, les suspensions « Tolomeo off-center » de M. de Lucchi & G. Fassina (Artemide) et une lampe « Atollo » de Vico Magistretti (O Luce).

2] Un ancien temple protestant, transformé par l'architecte Xavier Chabrol en maison particulière, joue sur le mélange des styles sans renier la beauté solennelle du lieu. Une monumentale cheminée en béton brut équilibre les volumes, tandis que la déco fait le choix du mariage des styles, ponctué de couleurs vives. Les fauteuils « Wassily » de Marcel Breuer (Knoll), la chaise longue « LC4 » design Le Corbusier-Jeanneret-Perriand (Cassina) entourent le divan « Pacha » en tweed écossais et coussins patchwork (Caravane), (Totems de Brigitte Coirier).

[Les alliances étonnantes]

Couleurs, matières, meubles et objets, les bons duos peuvent transformer l'ambiance d'une pièce en apportant une note décalée par rapport à l'ensemble de la décoration. Certains meubles se prêtent facilement à ces associations en rupture de style comme un bureau et une lampe, une cheminée et un fauteuil, un lit et un chevet, des vasques et des miroirs, une table et des chaises. On peut jouer aussi sur les oppositions de matières, verre et acier, béton et pampilles, bois et métal, ou sur les duos de couleurs qui selon les tonalités choisies apporteront de la douceur ou du rythme dans la déco. Un duo réussi revisite le décor sans grands frais et permet à la maison de coller à l'air du temps.

NO

1

1] Duo de fantaisie avec ces deux fauteuils revisités dans un intérieur haussmannien. À gauche, la chauffeuse en laine burnous traditionnelle rayée noir et écru, à droite, le fauteuil et son repose-pied tapissés d'un tissu kilim coloré, collection « Tabarka », de Philippe Xerri (Rock the Kasbah).

Vieilles pierres et design contemporain.

2, 3] Le design actuel des sièges de Philippe Starck, et du « Dr Sonderbar » (3) met en valeur les courbes gracieuses des cheminées anciennes.

2

3

Comment un fauteuil peut changer l'humeur d'une entrée.

1] Duo graphique entre les lignes d'un bel escalier en métal et verre sablé de Mathieu Lenorman et celles sculpturales de ce fauteuil qui revisite en noir « La Chaise » de Charles et Ray Eames (Vitra).

2] Les formes voluptueuses du fauteuil de Ron Arad « Victoria & Albert » (Moroso) modernisent avec esprit l'entrée de cet appartement.

1] Duo de charme entre le bois patiné d'un comptoir ancien et les lignes pures de la chauffeuse « Barcelona » de Mies van der Rohe (Knoll). Ajoutez à cela une sculpture en plâtre et en terre, chinée à l'Isle-sur-la-Sorgue, et l'ambiance sera à la fois originale et raffinée.

1

1

2

1] Union libre des styles et des époques entre une lampe « Bourgie » en polycarbonate transparent (Kartell) et une table XIXe sculptée. Une porte à galandage en verre sablé, ornée de textes calligraphiés (Atelier Stéphanie Le Breton) sert de lien entre le passé et le présent : la salle à manger traditionnelle et la cuisine contemporaine (tableau de Stéphane Dufraisse).

2] Une élégante vasque en pierre de Chine, taillée sur mesure, est posée sur un meuble de toilette ancien patiné en noir (Flamant). La robinetterie contemporaine en métal chromé accentue ce mélange des époques.

1

Sanitaires contemporains et miroirs anciens, une recette inusable !

1] La mise en scène originale de la salle de bains joue sur le duo de charme entre la baignoire baquet inspirée d'un modèle ancien (Facq) et le grand miroir en bois patiné, chiné aux puces de Bruxelles.

2] Mariage réussi entre l'aspect brut d'une vasque en béton et le style raffiné du miroir en bois sculpté et doré. En guise de robinets, deux tubes en métal rudimentaires accentuent l'originalité des lieux.

2

Duos de charme et jeux de miroirs.

1] Un meuble de toilette en béton brut et un miroir baroque peint en gris se répondent dans cette salle de bains pleine de charme.

2] Une vasque ancienne en pierre et un miroir Louis XVI en bois doré (Maison Caumont) cohabitent avec élégance et donnent tout son sens au mélange des styles.

3] Des vasques contemporaines en céramique blanche (Jacob Delafon) côtoient un miroir peint sur fond de briques anciennes.

4] Une frise en zinc ancienne, un œil-de-bœuf du XIXe siècle et un équipement moderne avec robinetterie commandée par lecture optique s'accordent en beauté.

Les bonnes recettes

[Jouer sur les couleurs]

Les couleurs ont une vraie capacité d'expression et leur interaction les unes envers les autres apparaît comme un langage émotionnel très fort. Nuances subtiles, tons osés, mariages discrets, éclats de couleurs vives : le mélange des couleurs est un atout maître pour donner du style. Les peintures anciennes poudrées, qui doivent leurs couleurs indéfinissables aux mélanges savamment dosés et aux pigments qui les composent, apportent de la douceur et de la poésie aux murs qu'elles maquillent. Elles habillent à merveille les ambiances XVIIIe, le style campagne chic, bohème voire certaines mises en scène contemporaines. Utilisée en duo ou en trio, la couleur structure l'espace et met le mobilier en valeur. Par petites touches ou en aplat, une seule ou plusieurs couleurs, sur un fond neutre, égaient une pièce. Les styles ont leur préférence, le vintage aime le vert anis, le turquoise et l'orangé, le blanc sert d'écrin lumineux au design et aux ambiances contemporaines, le rouge et le gris réchauffent le style industriel. Les couleurs sont vivantes et leurs vibrations lumineuses transforment l'esprit des lieux.

1

1] Les couleurs vintage affichent une forte présence dans le salon de cette maison de vacances. Un lampadaire des années cinquante (Bazar & Cie) côtoie un canapé contemporain aux couleurs vitaminées (Silvera).

2] L'esprit vintage souffle sur la déco et colore les murs du salon de cet appartement parisien (« Brazen Yellow » chez Ressource). Une table 1950 et un cabriolet recouvert d'un tissu (Métaphores) dialoguent avec un canapé de Philippe Hurel, tapissé de velours bleu pétrole (tableau de Delphine Sales Montebello et tableau encadré de VanLuc).

2

1] Une palette de couleurs sourdes – « Ciel belge foncé », « Terre de Sienne » et « Gris plus foncé » (Emery & Co) – crée une atmosphère intime et raffinée.

2] Une couleur unique, mate et veloutée (Clair Logis), déclinée sur l'ensemble des murs, harmonise le mélange des styles : un ancien meuble de notaire devenu vaisselier, des lits de camp en toile, une horloge industrielle et une table en zinc fabriquée par la propriétaire.

1] Les couleurs audacieuses du béton teinté sur le comptoir et sur le mur (Marylène Tortora) donnent du tonus à la cuisine qui mélange les genres avec fantaisie : buffet en pin, cuisinière et réfrigérateur en inox, chaises contemporaines et suspensions industrielles (Habitat).

1

1

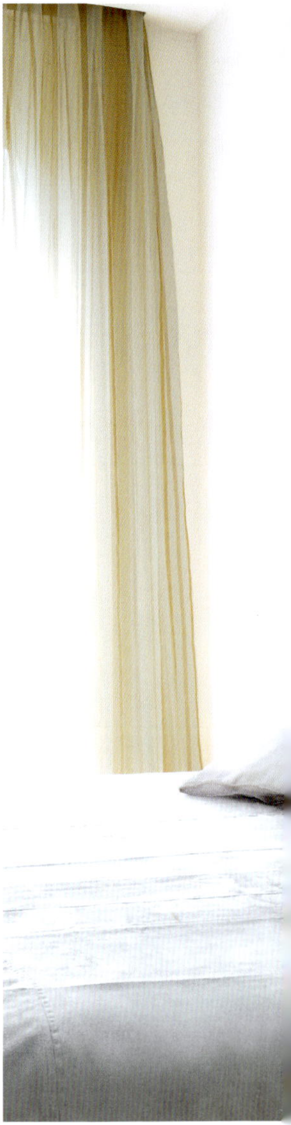

1] Porcelaine blanche (Place des Lices), peintures à la chaux, lin, plastique, aucuns blancs ne se ressemblent, et pourtant ils s'assemblent avec élégance et poésie. Le mélange des genres – table traditionnelle patinée et chaises modernes en polypropylène –, trouvent ici une harmonie dans la couleur.

2] Lumineux, apaisant, joyeux, le blanc ne s'utilise jamais pur, mais légèrement cassé avec une touche de couleur. Dans cette chambre qui mélange avec poésie une tête de lit baroque en bois sculpté (Cyrus Company) et des chevets contemporains, il est l'acteur essentiel de la décoration.

[Associer les motifs pour donner du style]

Les motifs des tissus, des papiers peints, des tapis, des rideaux, sont une source inépuisable d'associations originales. Ces atmosphères créatives, fondées sur l'union libre des motifs et des matières, permettent aussi de voyager à travers les cultures. Soieries indiennes, étoffes brodées, madras, cachemire, arabesques… campent un décor exotique qui enchante le quotidien. Mais ces combinaisons ne sont pas toutes gagnantes. Elles supposent une sélection, un dosage subtil et, d'une certaine façon, une réinterprétation des choses pour raconter sa propre histoire.

1] Envol de papillons dans une chambre boudoir qui marie avec grâce le papier peint et les rideaux assortis (Pierre Frey) avec un jeté de lit rayé dans les mêmes tons.

2] Inspiration nature dans une ambiance qui mélange avec bonne humeur les couleurs et les motifs. Dans l'écrin bucolique du papier peint gustavien (Zoffany), le lit de repos en fer forgé (Comptoir de Famille) accueille les arabesques d'une parure de lit en percale (Souleiado), les fleurs et les motifs des coussins (Casa Déco).

2

Patchwork de motifs et de rayures dans un camaïeu de bleus et de gris.

1] Sur le lit adossé à la cloison en bois patiné, la tête et le dessus-de-lit en boutis façon patchwork (Nid d'Abeilles) accueillent une collection de coussins réalisés avec des tissus aux motifs différents, chinés sur les marchés.

1

1] Accords de couleurs sur les motifs et mélange de styles composent une ambiance très actuelle dans cette maison lumineuse rénovée par l'architecte Stéphane Pichoux (B & P Architecture). Les carreaux de ciment anciens et les motifs damassés de la chauffeuse chinée mettent en valeur le graphisme épuré de l'escalier en béton peint en blanc.

2] Mariez les motifs en conservant toujours une unité de couleur. Une nappe à pois blancs sur fond rouge coquelicot vient taquiner les carreaux de ciment vert et rouge (Mosaic del Sur) qui tapissent le sol de la cuisine. Notez que le vert de la véranda est exactement le même que celui des fleurs des carreaux de ciment.

1

2

1

1] Un tweed écossais sur le divan « Pacha » (Caravane) et des coussins patchwork déclinés dans les tons chauds – rouge, orangé, mauve – réveillent l'ambiance du salon (tableau laqué de Bui Huu Hung et « Alto-type » d'Alphonse Alt).

2] Avec le grand retour des années cinquante, le mélange des motifs donne libre cours à sa fantaisie. Dans ce salon de style scandinave, les rideaux aux motifs de vases stylisés dans les couleurs vintage « Hayward » s'associent aux dessins géométriques et aux rayures des coussins (Sanderson).

2

Union libre des matières, des motifs et des couleurs, les tissus créent de subtiles liaisons entre les styles.

1] Une banquette de style années cinquante « Julep », recouverte d'une toile à matelas en lin et jute, se fond dans un décor de papier peint et de rideaux ornés d'arbres stylisés (Designer's Guild).

2] Le fauteuil capitonné (Mis en Demeure) joue sur du velours et s'entoure de motifs romantiques : les cages à oiseaux de la toile tendue sur le mur (Nina Campbell), des fleurs sur les coussins, « Courtisane » et « Milady » (Lelièvre), des feuillages et des fleurs sur le coussin jaune en lin (Nobilis).

3] Les motifs géométriques, les fleurs et les rayures se mêlent dans un camaïeu de couleurs fraîches : rideaux imprimés de formes stylisées (Sanderson) sur le mur, coussins à motifs géométriques (Osborne & Little), imprimé fleuri (Harlequin). Le fauteuil années cinquante est tapissé d'un tissu à motifs géométriques et de rayures (Scion).

ARCHITECTES ET ARCHITECTES D'INTÉRIEUR

B&P Architecture
http://bparchitecture.wix.com

Christophe Ducharme
www.c-ducharme-architecte.com

Guy Falco
04 67 46 08 44

Francis Guaré / Félix Ailhaud
06 13 69 41 22

Anne Infante
04 90 72 06 38

Bruno Mascolo : Cabinet Allis
04 9171 52 57

Maurice Padovani
www.padovani.fr

Antoine de Timary
09 81 33 79 93 et 06 64 72 32 41

BOUTIQUES / DÉCORATION

Bababling
www.bababling.fr

Babble Circus
www.babblecircus.com

Blanc d'Ivoire
www.blancdivoire.com

Caravane
www.caravane.fr

Conchabay
www.conchabay.com

Conran Shop
www.conranshop.fr

Côté Jardin
05 46 29 29 61

Bruno Ethelbert
06 07 81 31 09

Flamant
www.flamant.com

Galerie Yves Halter
www.galerie-yves-halter.com

Home by l'Ange et l'Éléphant
www.elephange.com

La Bovida
www.labovida.com

La Maison Marseillaise
04 91 55 54 43

Leblon Delienne
www.leblon-delienne.com

Les Comptoirs du Sud
www.comptoirsdusud.com

Annick Lestrohan / Honoré Déco
www.honoredeco.com

Maison Caumont
www.maisoncaumont.com

Jean-François Millevoye
06 12 31 72 40

Mis en Demeure
www.misendemeure.fr

Nid d'Abeilles
04 9075 94 67

Now's Home
www.nowshome.fr

Place des Lices
www.place-des-lices.com

Anne et Michel Rey
06 81 84 85 87

Rock the Kasbah
www.pxrtk.com

Sempre
www.sempre.be

Sentou
www.sentou.fr

Slots
www.slotsdeco.com

BROCANTE / MATÉRIAUX ANCIENS

Antiquités Carles II Bergala
04 67 71 36 10

Arcobaleno
www.arcobaleno.ws

Beaumarié
01 47 09 68 02

Labrouche Fils
05 46 50 61 12

RCB Carrelages
04 98 12 60 10

Temporis
www.temporis-france.com

DESIGN DU XXe

Art Club
www.designartclub.fr

Thibaud Ayasse
06 14 92 85 67

Collection of Design
Bruno Durr / Arnaud Trimaille
www.collectionofdesign.com

Danisch Design Rezo
Pauline Boyer Massadian
www.danishdesign-rezo.fr

Déjà Vu (Delphine Sterckx et Joëlle Juhen)
www.design-dejavu.com

Fiesta Galerie
www.fiesta-galerie.fr

Galerie Éric Philippe
www.ericphilippe.com

Vintage Design point
David de Brauwer
www.vintage-design-point.be

XXO (Franck Mouchel)
www.xxo.com

ÉDITEURS DE TISSUS

Designers Guild
www.designersguild.com

Harlequin
www.sanderson-uk.com

Lelièvre
www.lelievre.eu

Métaphores
www.creations-metaphores.com

Nobilis
www.nobilis.fr

Osborne & Little
www.osborneandlittle.com

Sanderson
www.sanderson-uk.com

Scion
www.scion.uk.com

Toile de Mayenne
www.toiles-de-mayenne.com

Alexandre Turpault
www.alexandre-turpault.com

LUMINAIRES

Fontana Arte
www.fontanaarte.it

Artemide
www.artemide.com

De Majo
www.demajoilluminazione.com

Flos
www.flosfrance.com

Jieldé
http://www.jielde.com

Les Années Lumières
http://lesanneeslumiere.com

Mathieu Lustrerie
www.mathieulustrerie.com

Luz Interiors
00 32 23 34 15 45

Moooi
www.moooi.com

Movelight
www.movelight.it

O Luce / Voltex
www.voltex.fr

Spiridon
www.spiridon-designgallery.com

Verre et Lumière
01 45 82 43 88

Vibia
www.vibia.com

MOBILIER CONTEMPORAIN

Arflex
www.arflex.com

Cassina
www.cassina.com

Driade
www.driade.it

Fritz Hansen
www.fritzhansen.com

Interni Edition
00 32 27 02 95 90

Issima
www.issima.fr

Kartell
www.kartell.com

Knoll
www.knoll.int.com

Living Divani
www.livingdivani.it

Moroso
www.moroso.it

No Factory
www.nofactory.fr

RBC
www.rbcmobilier.com

Roche Bobois
www.roche-bobois.com

Sinibaldi Design International
www.sinibaldi-design.com

Vitra
01 56 77 07 77

MOBILIER INDUSTRIEL

Bernard Mouiren
06 11 12 19 21

Didier Roche
06 21 87 08 62

No Factory
www.nofactory.fr

Tolix
www.tolix.fr

SALLES DE BAINS

Cascade Design
www.cascade-bain.com

Jacob Delafon
www.jacobdelafon.fr

Eau et Bain
www.eaubain.fr

Facq
www.facq.be

Falper
www.falper.it

Marbrerie de la Crau
www.marbreriedelacrau.com

DIVERS

Atelier Stéphanie Le Breton
www.stephanielebreton.fr

Mosaic del Sur (Carrelages)
www.mosaicdelsur.com

Emery & Cie (Peintures)
www.emeryetcie.com

Farrow & Ball
www.farrow-ball.com

Ressource (Peintures)
www.ressource-peintures.com

Serres et Ferronneries d'Antan
www.serresdantan.com

MERCI AUX MAISONS D'HÔTES

Artishow
www.artishow-bedandbreakfast.com

Fleur de Pierre
http://www.bastidefleurdepierre.com

K-za
www.maison-hotes-k-za.com

CRÉDITS PHOTOGRAPHIQUES I

Couverture : **C. Erwin** – 4e de couverture de gauche à droite : **C. Rouffio, S. Lloyd, L. Gavard.**

E. Andreotta (p. 9, 10-1, 19-2, 49-2, 68-1, 70, 74-2, 75-3, 78-1, 91-2, 92-2, 93-3, 105-2, 142-1, 144-1, 146-1, 156-1, 168-1) ; **P. Binet** (p. 11-2, 18-1, 20-1, 21-2, 24-1, 29-2, 40-1, 50-1, 59, 66-1, 69-2, 73, 74-1, 79-2, 82-1, 83-2, 86-2, 98-1, 106-1, 112-1, 114-1, 115-2, 118-1, 134-1, 135-2, 145-2, 161-2, 163, 169-2, 170-1) ; **F. Ducout** (p. 34-1, 46-1, 52-1, 124-1, 125-2, 149-4) ; **I. Durand** (p. 80-1, 126-1) ; **C. Erwin** (p. 35-2, 55-2, 64-1, 86-1, 90-1, 137, 153, 172-1) ; **L. Gavard** (p. 45, 103-2) ; **R. Guinard** (p. 38-1) ; **O. Hallot** (p. 13-2, 65-2, 67-2, 111-2) ; **L. Keome** (p. 56-1, 71, 171-2) ; **Y. Lainville** (p. 88-1, 113-2, 139-2, 139-3, 166-1) ; **B. Limbour** (p. 154-1) ; **S. Lloyd** (p. 54-1) ; **P. Louzon** (p. 110-1, 127-2, 141-2, 148-2) ; **E. Mastalier** (p. 57-2, 172-2, 173-3) ; **Mathias** 164-1, **J.-M. Péchart** (p. 97) ; **A. Réty** (p. 5, 17-2, 25-2, 30-1, 87-3, 116-1, 131-2, 138-1, 149-3) ; **J. Rostand** (p. 104-1) ; **C. Rouffio** (p. 2, 12-1, 16-1, 36-1, 37-2, 39-2, 43-2, 48-1, 60, 62-1, 76, 101-2, 102-1, 122-1, 123-2, 130-1, 132-1, 148-1, 155-2, , 157-2, 158-159, 160, 165-2, 172-1) ; **P. Smith** (p. 28-1, 42-1, 47-2, 85, 108-1, 121, 140-1) ; **N. Tosi** (p. 27) ; **A. Toureau** (p. 33-2, 128-1) ; **G. Trillard** (p. 32-1) ; **P.-J. Verger** (p. 147-2, 160-1) ; **J.-M. Wullschleger** (p. 14-1, 100-1).

REMERCIEMENTS I

La rédaction Art & Décoration.
Les propriétaires, les architectes et les créateurs qui nous ont fait découvrir leurs réalisations et tous les collaborateurs du magazine Art & Décoration.

PEFC
PEFC/18-31-330

PEFC recyclé

Ce produit est issu de forêts gérées durablement, de sources recyclés et contrôlées.

www.pefc.org

Direction d'édition : Thierry Lamarre - Réalisation et textes : Martine Freynet - Conception graphique et mise en pages : Either Studio - Couverture : Either Studio - Éditio Massin - Publiées par Société d'Information et de Créations - SIC - Une société de Marie Claire Album - 10, bd des Frères–Voisin 92792 Issy-les-Moulineaux Cedex 9 France - Tél. 01 41 46 88 88 - RCS Nanterre 302 114 509 - SARL au capital de 822 000 euros - © 2019, Éditions Massin - Société d'Information et de Créations - SIC
ISBN : 978-2-7072-1151-4 - N° Éditeur : 38369
Imprimé par G. Canale, Borgaro, Italie
Dépôt légal : janvier 2019
www.sotrendoo.com